Michael Reiser

Mindestlohn

Ökonomischer Fluch oder Segen für Niedriglohnbezieher und Armutsgefanrdete

GRIN - Verlag für akademische Texte

Der GRIN Verlag mit Sitz in München hat sich seit der Gründung im Jahr 1998 auf die Veröffentlichung akademischer Texte spezialisiert.

Die Verlagswebseite www.grin.com ist für Studenten, Hochschullehrer und andere Akademiker die ideale Plattform, ihre Fachtexte, Studienarbeiten, Abschlussarbeiten oder Dissertationen einem breiten Publikum zu präsentieren.

Dokument Nr. V93888 aus dem GRIN Verlagsprogramm

Michael Reiser

Mindestlohn

Ökonomischer Fluch oder Segen für Niedriglohnbezieher und Armutsgefährdete

GRIN Verlag

Bibliografische Information der Deutschen Nationalbibliothek: Die Deutsche Bibliothek verzeichnet diese Publikation in der Deutschen Nationalbibliografie; detaillierte bibliografische Daten sind im Internet über http://dnb.d-nb.de/ abrufbar.

1. Auflage 2008
Copyright © 2008 GRIN Verlag
http://www.grin.com/
Druck und Bindung: Books on Demand GmbH, Norderstedt Germany
ISBN 978-3-640-11358-3

Hochschule Ravensburg-Weingarten   WS 2007/2008

Hausarbeit

Aktuelle Probleme in der Sozialpolitik

Michael Reiser

Mindestlohn

Ökonomischer Fluch

oder

Segen für Niedriglohnbezieher und Armutsgefährdete ?

Inhaltsverzeichnis

Abbildungsverzeichnis

Tabellenverzeichnis

1 Gesetzlicher Mindestlohn – aktueller Stand der Diskussion in Deutschland

Seit Monaten liefert sich die Politik ein Tauziehen um die Einführung eines gesetzlichen Mindestlohns in Deutschland. Mindestlöhne würden Arbeitsplätze gefährden, argumentieren die Gegner, die Befürworter sehen in der Einführung eines gesetzlichen Mindestlohns ein wirksames Instrument gegen das steigende Armutsrisiko in Deutschland. Den vorläufigen parlamentarischen Schlusspunkt bildet der Antrag der Fraktion DIE LINKE mit dem Titel „Deutschland braucht Mindestlöhne", der am 14. Juni mit 431 zu 100 Stimmen bei einer Enthaltung abgelehnt wurde (DEUTSCHER BUNDESTAG, 2007). Zuvor waren schon Anträge der Grünen und der FDP zum Thema gescheitert. Die im Bundestag vertretenen Parteien können sich scheinbar nicht einigen. Weiter lässt sich beobachten, dass das Thema gesetzlicher Mindestlohn ein sehr ideologisch geprägtes zu sein scheint.

So lehnen ihn CDU, CSU und FDP, Parteien im eher konservativen „Mitte-Rechts Spektrum", strikt ab, während die Sozialdemokraten, DIE GRÜNEN und DIE LINKE, allesamt Parteien aus dem eher Mitte - linksgerichteten Spektrum, den Mindestlohn befürworten und ihn, wenn auch in unterschiedlichen Varianten, fordern.

Warum ist es scheinbar so schwer, eine mehrheitsfähige Lösung zu finden, was sind die Argumente für und gegen einen gesetzlichen Mindestlohn? Was soll er bezwecken und wer sind die Adressaten, die von einer Einführung betroffen sein würden? Gibt es Länder, in denen bereits ein gesetzlicher Mindestlohn existiert? Und wenn ja, welche Erfahrungen wurden gemacht? Welche Wirkungen auf den Arbeitsmarkt sind zu erwarten bzw. im Ausland bereits beobachtbar? Und welche Rolle spielen tarifliche Möglichkeiten und das Entsendegesetz?

Dies sind die Leitfragen, die der vorliegenden Arbeit zugrunde liegen und die durch sie beantwortet werden sollen.

2 Definition und Begriffe

2.1 Gesetzlicher Mindestlohn

„Ein gesetzlicher Mindestlohn schreibt vor, dass für eine Tätigkeit als abhängig Beschäftigter ein vom Gesetzgeber festgelegtes Entgelt nicht unterschritten werden darf. ... Der Zweck eines flächendeckenden gesetzlichen Mindestlohns besteht also

5

darin, zu gewährleisten, dass das Arbeiteinkommen in allen Fällen das Existenzminimum erreich." (GAUL, HAYEK 2005: 1).

In 20 Mitgliedsstaaten der EU gibt es einen gesetzliche Lohnuntergrenze, die zwischen 33 % und 52 % des nationalen durchschnittlichen Bruttoverdiensts liegt (REGNARD 2007: 5). GAUL und HAYEK folgen der Devise „Mindestlöhne kosten Jobs" und nehmen an, dass durch Mindestlöhne, die über dem Gleichgewichtslohn liegen, das Angebot an Arbeitskräften zwar steigt, die Nachfrage aber sinkt und so Arbeitslosigkeit entsteht. So würden Mindestlöhne zwar billigere ausländische Arbeitskräfte fernhalten und Lohndrückerei unterbinden, gleichzeitig aber die Beschäftigungschancen gerade für wenig Qualifizierte verringern. Weiter führten Mindestlöhne zu höheren Lohnkosten, die sich, wenn sie nicht in Form von Preiserhöhungen an den Verbraucher weitergegeben werden können, ebenfalls negativ auf die Beschäftigung auswirken würden. Sie sehen die Gefahr, dass die Produktion in ausländische Niedriglohnländer verlegt werden könnte und dadurch Arbeitsplätze in Deutschland verloren gehen oder dass Schwarzarbeit und Scheinselbstständigkeit zunehmen (GAUL, HAYEK 2005:2). Diese ökonomische Position ist zwar weit verbreitet aber nicht unumstritten. In Kapitel 7 über Auswirkungen von Mindestlöhnen auf Arbeitsmarkt und Beschäftigung werde ich konkreter darauf eingehen.

2.2 Kombilohn

Es besteht für den Begriff Kombilohn derzeit keine allgemeingültige Definition.

Der wissenschaftliche Dienst des deutschen Bundestages beschreibt den Kombilohn als *"...staatliche Transferleistung an Arbeitnehmer zur Aufstockung besonders niedriger Löhne"* (BUG 2005: 1). Zielgruppe für Kombilohnmodelle sind vor allem nicht oder gering ausgebildete Arbeitnehmer, *„...die in besonderer Weise von Langzeitarbeitslosigkeit betroffen sind"* (EBENDA). Die staatliche Subventionierung von niedrigen Löhnen zielt darauf ab, Menschen in Arbeit zu bringen und sie dazu zu bewegen, auch solche Tätigkeiten anzunehmen, deren Entlohnung ungefähr ALG II Niveau haben. Die zugrunde liegende Annahme ist, dass wer ohne Arbeit mit ALG II gleich viel „verdient" wie mit einem niedrig entlohnten Job, sich eben gegen die Erwerbsarbeit entscheidet. Weiter wird hier angenommen, dass Arbeitsplätze, etwa auf ALG II Niveau, zwar vorhanden wären, wegen der Konkurrenz zu staatlichen Transferleistungen aber nicht angeboten werden. Diese Annahme hat sich als nicht richtig erwiesen. In einer Evaluationsstudie des Bundesministeriums für Wirtschaft und Arbeit wurden nur geringe

Arbeitmarkteffekte festgestellt. Diese wurden darauf zurückgeführt, „*...dass die implizite Grundannahme sich als unrichtig erwiesen habe, es stünden zahlreiche Stellen im Niedriglohnbereich zur Verfügung, für die es aufgrund unzureichender finanzieller Anreize keine Bewerber gebe"* (BUG 2005: 2).

Den geringen positiven Arbeitsmarkeffekten, die auch in weiteren Wirkungsuntersuchungen zu Kombilöhnen festgestellt wurden, stehen hohe zu erwartende Kosten für den Staat gegenüber, die Kombilohnmodelle als wenig zielführend erscheinen lassen. Weiter kritisieren die Gegner solcher Modelle, allen voran die Gewerkschaften, negative Auswirkungen auf das Lohnniveau in Deutschland generell. Es wird befürchtet, dass die staatliche Subventionierung von niedrigen Lohnen den Niedriglohnsektor erst etabliert und von den Arbeitgebern als Einladung zur Lohndrückerei verstanden werden könnte.

Kombilohnähnliche Instrumente bestehen aber bereits heute. Ein Beispiel dafür ist die Freibetragsregelung für erwerbstätige ALG II Bezieher. Dadurch soll den Leistungsempfängern mehr Anreiz zur Erzielung eines eigenen Einkommens gegeben werden[1].

3 Der Niedriglohnsektor in Deutschland

Hintergrund der Debatte um einen gesetzlichen Mindestlohn, Kombilöhne etc. ist der in Deutschland vorhandene so genannte Niedriglohnsektor. Was ist ein Niedriglohn und wie viele Niedriglohnempfänger leben in Deutschland? Bereits bei diesen Fragen scheiden sich die Geister, da die Forschungsinstitute die Schwelle unterschiedlich definieren. Generell wird als Niedriglohnempfänger bezeichnet, wer weniger als einen bestimmten Prozentsatz des nationalen Medianlohns, des Referenzlohns verdient. Auch diese Schwelle wird unterschiedlich definiert. So werden 50, 66 und 75 Prozent (BÖCKLER STIFTUNG 2006a: 5) des nationalen Medianlohns als Grenze festgelegt. Dementsprechend differieren die Angaben über die Anzahl an Niedriglohnempfängern in Deutschland erheblich, je nach dem welchen Grenzwert die Institute verwenden und ob sie ausschließlich Vollbeschäftigte oder auch teilzeitbeschäftigte Personen für ihre Berechnungen aufnehmen. So differieren die Angaben, wie viele Geringverdiener in Deutschland leben, zwischen 3 bis 4 und 7 bis 8 Millionen (EBENDA). Für eine

---

[1] Siehe auch Kapitel 5

Bewertung der vorliegenden Forschungsergebnisse ist es also vonnöten, die Berechnungsgrundlagen der verschiedenen Forschungsinstitute zu kennen.

In der hier vorliegenden Arbeit wird als Schwelle für den Niedriglohn die Definition der Organisation für wirtschaftliche Zusammenarbeit und Entwicklung (OECD) verwandt, nach der als Niedriglohnempfänger gilt, wer weniger als zwei Drittel des nationalen Medianlohns verdient. Demnach lag die Niedriglohnschwelle Ende 2002 bei 1296 Euro in Osten bzw. 7,67 Euro pro Arbeitsstunde und 1709 Euro im Westen Deutschlands bzw. 10,11 Euro[2] (BOSCH, WEINKOPF 2006: 26). Besonders bei den Dienstleistungen, in privaten Haushalten und im Hotel- und Gaststättengewerbe sind die Niedriglohnanteile sehr hoch.

Abbildung 1: Wirtschaftszweige mit überdurchschnittlich hohen Niedriglohnanteilen

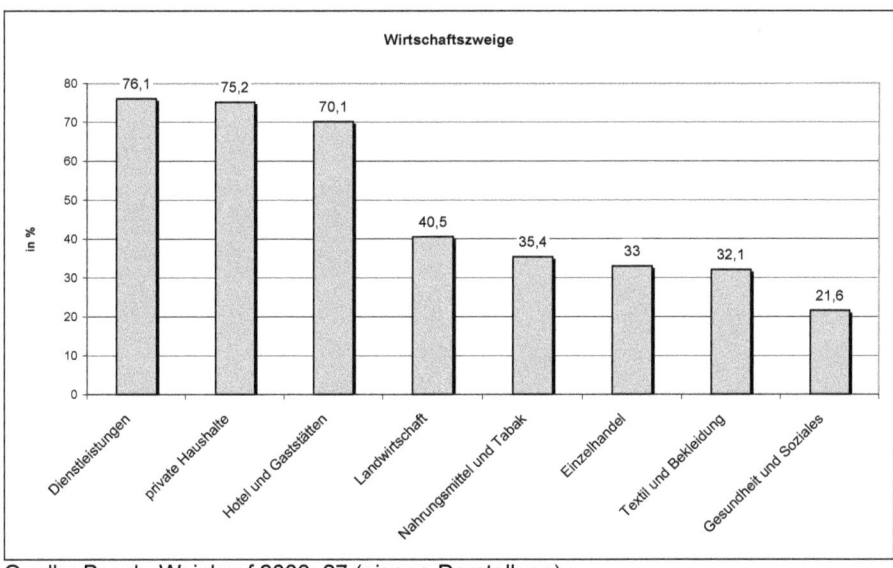

Quelle: Bosch, Weinkopf 2006: 27 (eigene Darstellung)

Die Schaffung von Niedriglohnarbeitsplätzen ist seit Jahren ein politisches Ziel. Verbunden sind damit Hoffnungen auf mehr Arbeitsplätze gerade für Geringqualifizierte und dass dadurch dauerhaft mehr Beschäftigung entsteht. Demzufolge ist der Niedriglohnsektor in den letzten Jahren stetig gewachsen. Waren 1990 ca. 13,7% aller

---

[2] jeweils Vollzeit und brutto

sozialversicherungspflichtigen Vollzeitbeschäftigten Niedriglohnempfänger, so sind es 2001 nach Definition des Instituts für Arbeitsmarkt- und Berufsforschung der Bundesagentur für Arbeit (IAB) 17,4 % (RHEIN, GARTNER, KRUG 2005: 2). Damit liegt Deutschland leicht über dem Durchschnitt der europäischen Union. Nochmals sei darauf verwiesen, dass bei dieser Erhebung ausschließlich sozialversicherungspflichtige Vollzeitbeschäftigte erfasst sind, da sie den *„weitaus größten Teil ... stellen"* (SCHÄFER 2003: 427). Bezieht man neben den Vollzeitbeschäftigten noch die Teilzeitbeschäftigten und geringfügig Beschäftigte mit ein, lag der Anteil der Niedriglohnempfänger in Deutschland, bezogen auf alle abhängig Beschäftigten und das Jahr 2004, bei 22,1 % (BOSCH, WEINKOPF 2004: 28).

Die geschaffenen Arbeitsplätze im Niedriglohnbereich sollten, so eine weitere politische Hoffung, Sprungbrett in besser bezahlte Jobs sein. Die vom IAB durchgeführte Untersuchung zur Aufstiegsmobilität von Niedriglohnbeschäftigten von 2005 kommt zu dem Schluss, dass sich die Aufstiegschancen deutlich verschlechtert haben. Von den 1996 stichprobenartig erhobenen Niedriglohnbezieher in Vollzeit waren fünf Jahre später 49,3 % weiter in Vollzeitbeschäftigung. Zwei Drittel davon waren weiter Bezieher von Niedriglöhnen. Damit ist Deutschland, was die Aufstiegswahrscheinlichkeit von Niedriglohnbeziehern betrifft, Schlusslicht der EU. *„In allen anderen untersuchten Ländern ist die Aufstiegswahrscheinlichkeit höher. Das ist umso bemerkenswerter, als die Größe des deutschen Niedriglohnsektors (...) nur leicht über dem Durchschnitt (...) liegt"* (RHEIN, GARTNER, KRUG 2005: 4). Der Niedriglohnsektor wird so für viele niedrig Entlohnte zur Niedriglohnfalle und *„es steht zu befürchten, dass auch ihr Armutsrisiko dauerhaft steigt"* (EBENDA).

3.1 Strukturmerkmale von Beschäftigten im Niedriglohnbereich[3]

In den folgenden Abbildungen sind die strukturellen Merkmale von Niedriglohnempfängern skizziert.[4]

---

[3] Ausschließlich Vollzeitbeschäftigte in Deutschland aus dem Jahr 2002

[4] „Anteil an Kategorie" bedeutet am Beispiel von Abbildung 2: 29,5% aller Beschäftigten ohne Ausbildung sind Niedriglohnempfänger

3.1.1 Merkmal Qualifikation

Auffallend ist, dass Beschäftigte ohne Ausbildung in besonderem Maße von niedrigen Löhnen betroffen, während der Anteil der Hochschulabsolventen, die Niedriglöhne beziehen, sehr gering ist

Abbildung 2: Qualifikation

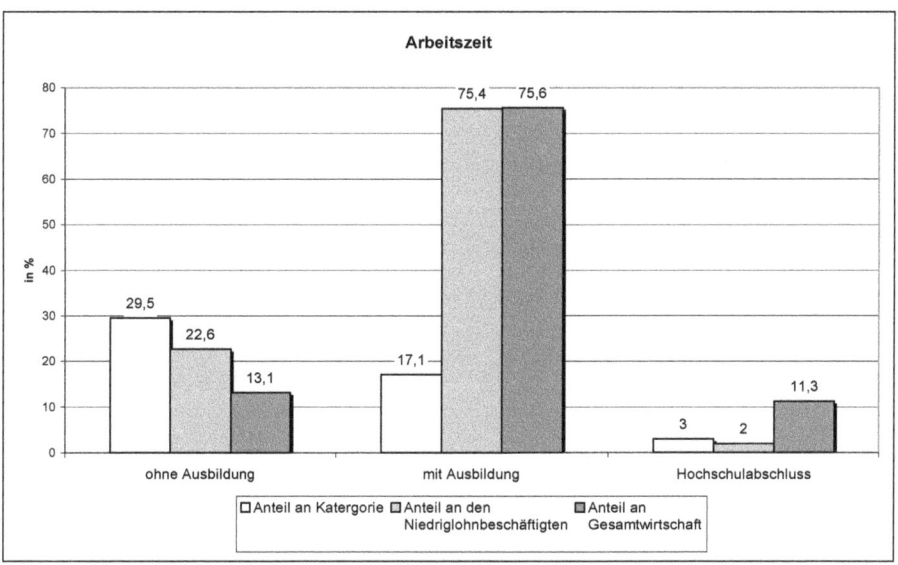

Quelle: Bosch, Weinkopf 2002: 28 Tabelle 2 (eigene Darstellung)

3.1.2 Merkmal Geschlecht

Fast zwei Drittel aller Niedriglohnbezieher sind Frauen, sie sind in besonderem Maße von Niedriglöhnen betroffen wie in Abbildung 3 zu sehen ist.

Abbildung 3: Geschlecht

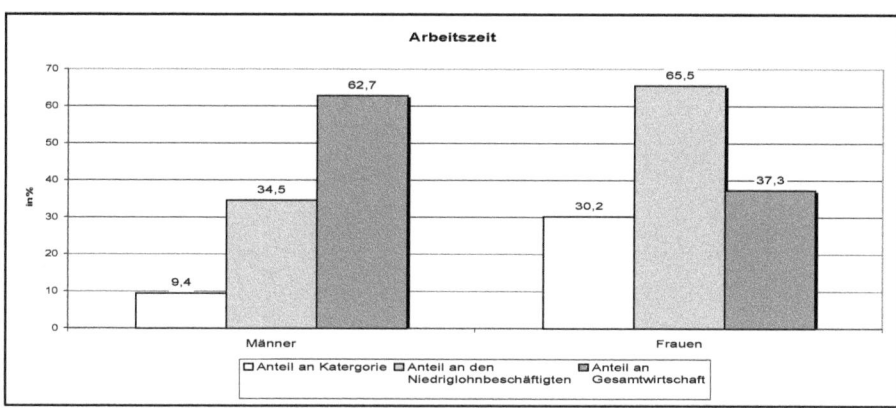

Quelle: Bosch, Weinkopf 2002: 28 Tabelle 2 (eigene Darstellung)

3.1.3 Merkmal Alter

Das Risiko einer Anstellung im Niedriglohnbereich ist besonders für junge Menschen hoch. Fast 40 Prozent der unter 25 jährigen sind Niedriglohnempfänger.

Abbildung 4: Alter

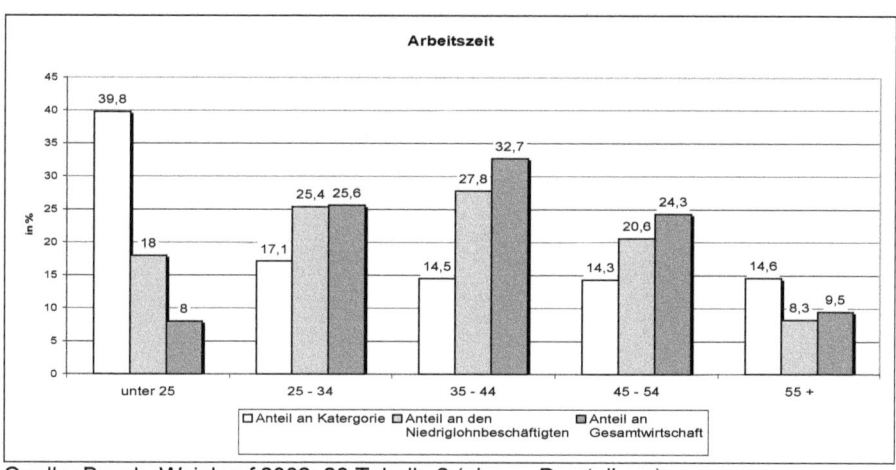

Quelle: Bosch, Weinkopf 2002: 28 Tabelle 2 (eigene Darstellung)

11

3.1.4 Merkmal Nationalität

Über ein Viertel aller ausländischen Beschäftigten sind Niedriglohnbezieher, während ihr Anteil an der Gesamtwirtschaft lediglich 7% beträgt.

Abbildung 5: Nationalität

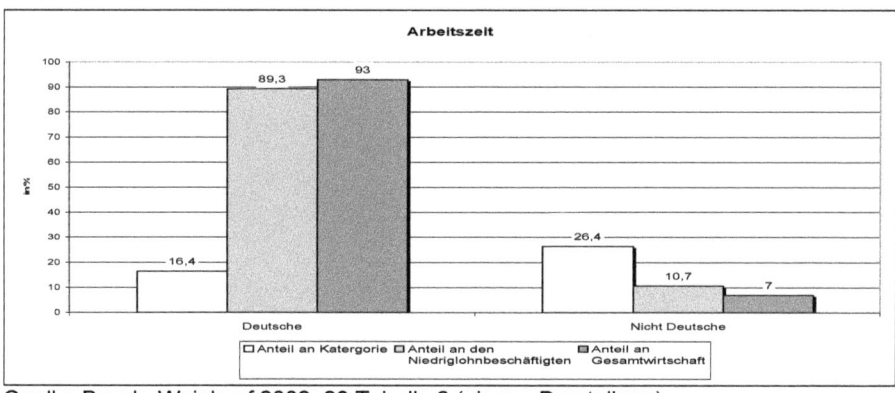

Quelle: Bosch, Weinkopf 2002: 28 Tabelle 2 (eigene Darstellung)

3.1.5 Merkmal Arbeitszeit

Besonders hohe Anteile von Niedriglohnbeziehern gibt es unter den geringfügig Beschäftigten. Aber auch bereits knapp 14% aller Vollzeitbeschäftigten sind Bezieher von niedrigen Löhnen.

Abbildung 6: Anteil an Arbeitszeitmodellen von Niedriglohnempfängern

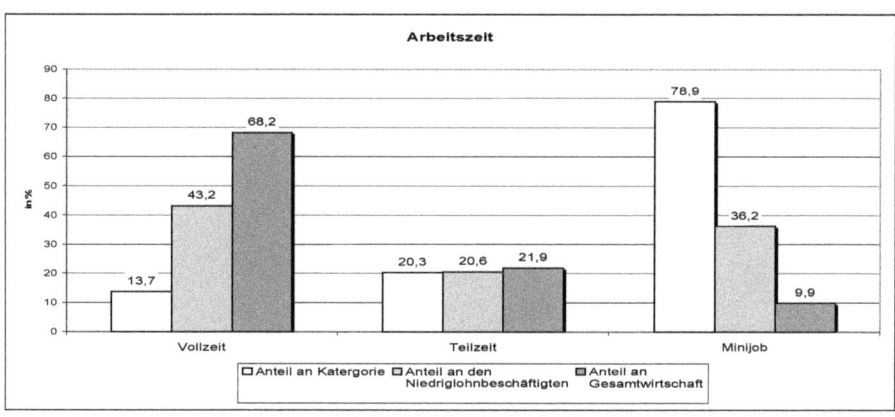

Quelle: Bosch, Weinkopf 2002: 29 Tabelle 3 (eigene Darstellung)

3.2 Zusammenfassung

Dem höchsten Niedriglohnrisiko sind demnach Frauen, jüngere Arbeitnehmer, Ausländer und besonders Menschen ohne Berufsausbildung ausgesetzt. Ihre Anteile an Niedriglohnbeschäftigung liegen deutlich über den Anteilen, die sie an der Gesamtwirtschaft haben. Doch sind längst nicht nur diese „Hochrisikogruppen" von Niedriglohnbeschäftigung betroffen. Zwei Drittel der Niedriglohnbezieher haben eine Berufsausbildung, 73% sind zwischen 25 und 54 Jahre alt und fast 90% sind Deutsche.

4 Armut in Deutschland

Armut bedeutet, ganz allgemein ausgedrückt, Mangel. Fehlt es an Lebensnotwendigem, wie Nahrung, Kleidung oder Unterkunft, ist die physische Existenz bedroht, spricht man von absoluter Armut. In Ländern wie Deutschland ist das durchschnittliche Wohlstandsniveau deutlich über dem physischen Existenzminimum. Andernfalls schützen die sozialen Sicherungssysteme in der Regel vor absoluter Armut. Ausnahmen können Obdachlose oder Drogensüchtige Menschen sein, die nicht immer durch das Netz der sozialen Sicherung aufgefangen werden. Eher relevant und daher auch im Fokus des Armuts- und Reichtumsberichtes der Bundesregierung ist die relative Armut. Dabei wird Armut *„auf einen mittleren Lebensstandard bezogene Benachteiligung aufgefasst"* (BMGS, 2005: 2).

Dabei ist weniger die physische Existenzgrundlage Gegenstand, sondern *„der Ausschluss von der Teilhabe am gesellschaftlichen Leben"* (EBENDA). Gemeint sind damit nicht nur materielle Ressourcen, sondern mangelnde soziale Einbindung, wie z.B. beschränkte Zugänge zu Bildung und Gesundheitsfürsorge. Um Armut messbar zu machen, ist es nötig eine Schwelle zu definieren, unterhalb der jemand als arm gilt. Obwohl Armut nicht nur materielle Aspekte umfasst, wird zur Bemessung dieser Grenze das zur Verfügung stehende Einkommen zugrunde gelegt. In den EU Staaten gilt als armutsgefährdet, *„dessen Äquivalenzeinkommen weniger als 60% des mittleren Äquivalenzeinkommens (Median) des jeweiligen Mitgliedsstaats beträgt"* (STATISTISCHES BUNDESAMT 2006: 17).

Zur Errechnung der Einkommensverteilung wird das zur Verfügung stehende Haushaltseinkommen betrachtet. Damit lässt sich jedoch die Armutsrisikoquote nicht ermitteln, weil Unterschiede in der Größe der Haushalte dabei nicht berücksichtigt werden. Ob ein Einkommen jedoch nur eine Person zur Verfügung hat, oder eine

Familie davon lebt, wirkt sich auf den Lebensstandard aus. Es ist also nötig, *"...nicht nur ganze Haushalte, sondern die darin lebenden Personen und deren Lebensstandard miteinander zu vergleichen"* (STATISTISCHES BUNDESAMT 2006: 11). Für jede Person eines Haushaltes wird das Einkommen errechnet, *"...welches sie (bei gleich bleibendem Lebensstandard) haben müsste wenn sie allein leben würde"* (EBENDA). Das Äquivalenzeinkommen ist somit ein gewichtetes Pro-Kopf Einkommen. Die in den EU Staaten allgemein gültige 60% Grenze ist nicht empirisch begründbar, sondern eine politisch gesetzte Marke, die 2001 vom Europäischen Rat festgelegt wurde. 2004 waren 60% des mittleren Äquivalenzeinkommens 10274 Euro jährlich bzw. 856 Euro monatlich. Wessen Äquivalenzeinkommen unterhalb dieser Marke lag, galt als armutsgefährdet. Das waren zu diesem Zeitpunkt 13% der Bevölkerung in Deutschland oder 10,6 Millionen Menschen. 1,7 Millionen waren Kinder unter 16 Jahren.

4.1 Wer ist von Armut bedroht?

In den neuen Bundesländern ist das Armutsrisiko höher (17%) als im Westen (12%). Alleinerziehende (30%) und Einpersonen Haushalte (27%) sind stärker gefährdet als Paare und Familien. Arbeitslose sind mit 43% die am stärksten von Armut bedrohte Gruppe. Das gilt in besonderem Maße für arbeitslose Singles von denen zwei Drittel als armutsgefährdet gelten. Wer weder über Schul– noch Ausbildungsabschluss verfügt, ist stärker armutsgefährdet (26 %) als Menschen mit einer Berufsausbildung (11%) oder einem Hochschulabschluss (8%).

Gäbe es in Deutschland keine Sozialleistungen wie etwa Arbeitslosengeld, Kindergeld, Sozialhilfe oder Wohnkostenzuschüsse, betrüge das Armutsrisiko 24% (STATISTISCHES BUNDESAMT 2006: 25).

4.2 Arm trotz Arbeit – das Phänomen *"working poor"*

Nach Angaben des statistischen Bundesamtes sind 4% der vollzeiterwerbstätigen und 8% der teilzeiterwerbstätigen Menschen in Deutschland von Armut bedroht. Trotz Ausübung einer Erwerbstätigkeit liegt ihr Einkommen nicht über der Armutsgefährdungsgrenze. Das Armutsrisiko der Vollzeiterwerbstätigen mit 4% wirkt auf den ersten Blick, verglichen mit 43% bei den Arbeitslosen, vergleichsweise gering und könnte zu falschen Annahmen verleiten. Wichtig ist hierbei die jeweilige Bezugsgröße. In absoluten Zahlen wird dies deutlicher. Im Dezember 2007 gab es in

Deutschland 3,4 Millionen Arbeitslose (BUNDESAGENTUR 2008: 8). Etwa 43% von ihnen sind armutsgefährdet. In absoluten Zahlen sind das etwa 1, 5 Millionen Menschen. Dem gegenüber stehen 4% armutsgefährdete Vollzeiterwerbstätige von insgesamt etwa 40,18 Millionen Erwerbstätigen in Deutschland. Das sind etwa 1,6 Millionen Menschen. Es gibt in Deutschland also mehr erwerbstätige Menschen, die von Armut bedroht sind, als Arbeitslose.

5 Faktischer Mindestlohn durch ALG II ?

Wer in Deutschland über kein eigenes Einkommen verfügt bzw. wessen Verdienst unterhalb des Sozialhilfesatzes liegt, erhält ergänzend Arbeitslosengeld II. Zusätzlich zu eigenem Erwerbseinkommen bezogen 2005 etwa 900.000 Personen ALG II, knapp 300.000 davon waren Erwerbstätige mit einem Vollzeitjob (JÄHRLING, WEINKOPF 2006:14). Mindestens die „warme Wohnung" (Heizkosten und Unterkunft) sowie 345 Euro sind also jedermann sicher. Damit wirkt das ALG II einen Status wie ein *faktischer* Mindestlohn. Dies ist eine beliebte Argumentation von Gegnern eines gesetzlichen Mindestlohns. Deutschland brauche keinen Mindestlohn, weil es mit dem ALG II bereits einen Mindeststandard gäbe (BDA 2006: 2). Während jedoch mit dem Mindestlohn das Ziel verfolgt wird, das Arbeitseinkommen existenzsichernd zu gestalten, ist das ALG II eine staatliche Transferleistung, die in Kombination (Kombilohn Charakter) mit einem etwaigen Einkommen die Existenz sichern soll. Die Leistungserbringer sind beim Mindestlohn die Arbeitgeber und beim ALG II der Staat bzw. die Gesellschaft. Wird ALG II ergänzend zu eigenem Erwerbseinkommen gewährt, ist dies eine staatliche Subvention eines Niedriglohns. Die Gefahr hierbei könnte im Anreiz für die Wirtschaft liegen, Löhne auf Staatskosten weiter bzw. stärker zu senken. Daher macht die Grundsicherung für Arbeitssuchende allgemeine Lohnuntergrenzen keinesfalls überflüssig. Zudem besteht kein allgemeiner Anspruch, sondern die Gewährung von ALG wird im Haushaltskontext betrachtet (Bedarfsgemeinschaft) und Arbeitslosengeld wird nur dann gewährt, wenn eigenes Vermögen bestimmte festgelegte Grenzen nicht übersteigt.

6 Sind gesetzliche Lohnuntergrenzen erforderlich?

Prinzipiell werden Löhne und Gehälter in Deutschland tariflich gestaltet. Dies ist die originäre Aufgabe der Tarifpartner, sprich der Arbeitgeberverbände und der

Gewerkschaften. Aktuelles Beispiel ist der Tarifkonflikt zwischen der Deutschen Bahn und der Gewerkschaft der Lokführer. Staatliche Eingriffe und Regelungen bei der Tariffindung sind unerwünscht, was der Begriff Tarifautonomie beschreibt. Darunter ist zu verstehen, dass die Tarifpartner ohne Einflussnahme des Staates miteinander verhandeln und zu einer Einigung kommen. Dieses Recht ist im Artikel 9 des Grundgesetzes verbrieft. Die Rolle des Staates besteht darin, den Rahmen festzulegen, also beispielsweise Tageshöchstarbeitszeiten, Mindestanzahl an Urlaubstagen oder die Lohnfortzahlung im Krankheitsfall.

Die Tarifautonomie ist ein hohes Gut in Deutschland. Dass gerade die Gewerkschaften es sind, die vehement einen gesetzlichen Mindestlohn fordern, verdutzt auf den ersten Blick und wirft die Frage nach dem Warum auf.

6.1 Sinkende Tarifbindung

Tarifbindung bedeutet Gültigkeit. Für alle Unternehmen, die Mitglied in dem Arbeitgeberverband sind, der einen Tarifvertrag abgeschlossen hat, ist dieser Tarifvertrag bindend. Das hat den Vorteil von wenigen Individualverhandlungen und spart daher Zeit und Geld. Die wirtschaftliche Situation einzelner Betriebe aber kann dabei nicht berücksichtigt werden. Das führte seit den 1990er Jahren zu Austritten von vielen Unternehmen aus den Arbeitgeberverbänden. Individuell vereinbarte Tarifabschlüsse zwischen einzelnen Unternehmen und seinen Mitarbeitern, so genannte Haustarifverträge nahmen zu. Die Tarifbindung ist demzufolge rückläufig. Während 1998 noch 76% der westdeutschen und 63% der ostdeutschen Beschäftigten tarifgebunden arbeiteten, waren es 2004 nur noch 68% im Westen und 53% im Osten (BOSCH, WEINKOPF 2006: 30). Tarifliche Mindestlöhne wären angesichts der sinkenden Verbindlichkeit von Tarifverträgen keine flächendeckende und branchenübergreifende Lösung, sondern würden nur einen Teil der Beschäftigten betreffen und würden, so kann vermutet werden, den Rückgang der Tarifbindung noch beschleunigen. Die sinkende Gültigkeit von ausgehandelten Tarifverträgen verhindert, dass allgemeingültige Mindestlöhne tariflich erzielt werden können und ist folglich eine Ursache für die gewerkschaftliche Forderung nach einer gesetzlichen Regelung.

6.2 Alternative Regelungsinstrumente

Um Mindeststandards und Untergrenzen bei der Entlohnung von Beschäftigten zu erzielen, bestehen neben tariflichen Lösungen und einem gesetzlichen Mindestlohn, prinzipiell zwei Instrumente zur Verfügung, die als Alternative diskutiert werden.

6.2.1 Allgemeinverbindlichkeitserklärung nach dem Tarifvertragsgesetz

Ein Tarifvertrag kann durch die Allgemeinverbindlichkeitserklärung (AVE) des Arbeitsministers auch auf nicht tariflich gebundene Arbeitnehmer einer Branche ausgedehnt werden. AVEs bestehen bislang in Branchen mit besonders schwacher Tarifbindung wie beispielsweise dem Friseur- oder Gebäudereinigungshandwerk. Die Entscheidung, einen Tarif für allgemein verbindlich zu erklären, muss einvernehmlich mit einem aus Arbeitgebern- und Nehmern paritätisch besetzten Gremium entschieden werden. Eine AVE kann also blockiert werden, was in den letzten Jahren der Praxis der Arbeitgeberverbände entspricht. Daher ist die Zahl der AVE´s kontinuierlich rückläufig. Lediglich 1,8% der Tarifverträge waren 2005 allgemeinverbindlich (BÖCKLER STIFTUNG 2006b: 2). Das Vorhaben, Mindeststandards durch die Ausdehnung von Tarifverträgen zu erreichen, kann am Veto des Tarifausschusses scheitern. Die Allgemeinverbindlichkeitserklärung ist damit kein besonders wirksames Instrument.

6.2.2 Das Arbeitnehmer Entsendegesetz (AEntG)

Im Zuge der europäischen Öffnung besteht freie Wohnsitzwahl und freie Wahl des Arbeitsplatzes. Neben vielen Vorzügen, die diese Entwicklung aufweist, schafft sie auch neue Probleme. Das Stichwort ist hierbei grenzüberschreitende Dienstleistung. Ausländische Arbeitnehmer, die von im Ausland ansässigen Firmen nach Deutschland entsandt werden, haben oftmals wesentlich geringere Einkommen. Deutsche Arbeitnehmer, zumal tariflich gebunden, geraten dadurch in eine Situation, in der sie nicht mehr konkurrenzfähig sind. Das AEntG hat zum Ziel, das Unterschreiten von Tarifverträgen zu unterbinden und ist als Instrument gegen „Armutslöhne" und „Lohndrückerei" zu verstehen. Tarifverträge einer Branche können dadurch per Allgemeinverbindlichkeitserklärung auch auf alle nach Deutschland entsandten Beschäftigten ausgedehnt werden. Der Bundesarbeitsminister hat hier alleine die Kompetenz zur Entscheidung. Die Vetomöglichkeit entfällt also. Das AEntG regelt die Mindestentgeltsätze und beispielsweise die Dauer des Erholungsurlaubes und gilt bislang vor allem im Baugewerbe. Aktuell wird über die Ausdehnung des

Geltungsbereiches des AEntG diskutiert, um so, quasi alternativ zu einem gesetzlichen Mindestlohn, generelle Untergrenzen zu fixieren. Aber auch dieses Instrument hat Schwächen. So greift das Gesetz nur, *„wenn die Tarifverträge eine Branche komplett erfassen"* (EBENDA). Bundesweite Tarifverträge gibt es nach einer Untersuchung des Wirtschafts- und Sozialwissenschaftlichen Instituts (WSI) aber nur in 8 von 39 untersuchten Branchen. Ansonsten dominieren regionale Tarifverträge. Das macht die Anwendung des AEntG schwierig. Bevor es wirksam zur Anwendung kommen könnte, müsste erst die Tariflandschaft so gestaltet sein, dass es mehrheitlich bundesweite, flächendeckende Tarifverträge gibt. Eine Ausdehnung des AEntG würde zwar momentan nicht zu generellen Mindeststandards führen, aber das Tarifsystem dennoch stützen.

6.3 Zusammenfassung

Im Kapitel 4.1 wurde das Phänomen *„working poor"* beschrieben. Menschen, die, obwohl sie einer Beschäftigung nachgehen, als arm gelten. Der Slogan *„Arm trotz Arbeit"* könnte noch in *„Arm trotz Arbeit trotz Tarifvertrag"* erweitert werden. Denn längst bieten Tariflöhne keinen wirksamen Schutz vor Armut. Der niedrigste tarifliche Stundenlohn in Ostdeutschland lag Ende 2003 bei 2,74 Euro und auch im Westen sind Tarifverträge mit Stundenlöhnen unter 6 Euro keine Seltenheit (BOSCH, WEINKOPF 2006: 30). Würden also Allgemeinverbindlichkeitserklärungen nach dem AEntG oder dem Tarifvertragsgesetz lediglich auf schon bestehende tarifliche Niedriglöhne angewendet werden, bedeutete dies, Niedriglöhne zu manifestieren, statt sie zu beseitigen. Die untersten tariflichen Löhne müssten eine gewisse Höhe haben, damit Allgemeinverbindlichkeitserklärungen oder das Entsendegesetz einen wirksamen Schutz vor Armut bieten. Die schon existenten niedrigen Tariflöhne, die mangelnde Tarifbindung und die beschriebenen Schwächen der alternativen Regelungsinstrumente sind der Hintergrund für die gewerkschaftlichen Forderungen nach einem gesetzlichen Mindestlohn.

7 Mindestlöhne in Europa - Blick ins Ausland

Schaut man zu unseren europäischen Nachbarn, dann fällt auf, dass Deutschland bezüglich dieses Themas relativ isoliert dasteht. Denn 2007 hatten 20 von 27 EU Staaten einen gesetzlichen Mindestlohn. Die Mindestlöhne in Europa sind in den letzten Jahren fast durchweg gestiegen. Von 2006 auf 2007 betrugen die Steigerungen 4,5 %

in Luxemburg bis zu 47,8% in Lettland (BÖCKLER STIFTUNG, 2007a:1). Momentan liegt der gesetzliche Mindestlohn in Europa zwischen 92 Euro monatlich in Bulgarien und 1570 Euro in Luxemburg (REGNARD, 2007:1).

Abbildung 7 Mindestlöhne in Mitgliedsstaaten der EU (MS), einem Kanditatenland (KL) und den USA im Januar 2007

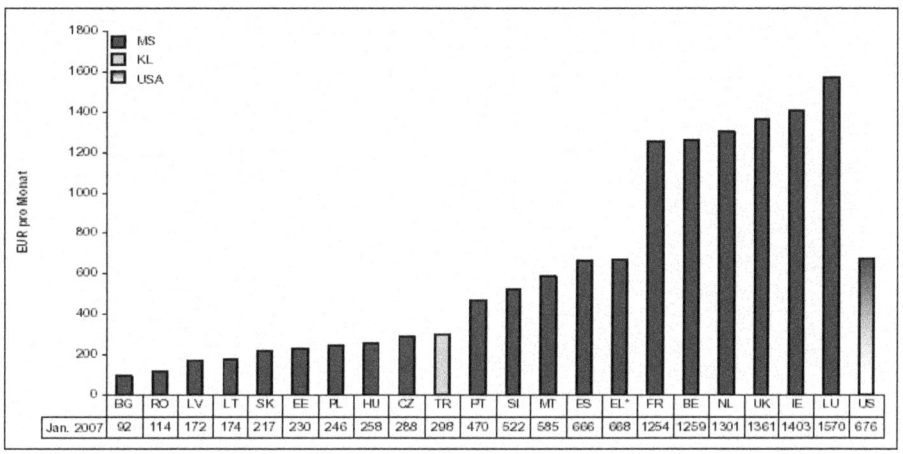

Quelle: Regnard ‚Abbildung 1, 2007: 2)

Es lassen sich grob drei Gruppen unterscheiden. In den Ländern der ersten Gruppe mit neun EU Ländern lag der Mindestlohn Anfang 2007 zwischen 92 und 298 Euro. Zu dieser Gruppe gehören Bulgarien, Rumänien, Lettland, Litauen, Slowakei, Estland, Polen, Ungarn und Tschechien. In der zweiten Gruppe mit fünf Mitgliedsstaaten der EU (Slowenien, Portugal, Malta, Spanien und Griechenland) wurde ein Mindestlohn zwischen 470 und 668 Euro bezahlt. Die höchsten Mindestlöhne ab 1250 Euro existieren in Belgien, Frankreich, der Niederlande, England, Irland und Luxemburg. In den Bereichen Industrie und Dienstleistung liegt das Niveau der Mindestlöhne in der Europäischen Union zwischen 33% und 52% der durchschnittlichen nationalen Bruttomonatsverdienste, wobei die 50% Marke nur in Malta, Irland, Frankreich, Griechenland und Luxemburg überschritten wird. [5]

---

[5] Zu Frankreich und Griechenland sind in der Tabelle der Eurostat Onlinedatenbank keine Daten verfügbar. Diesbezügliche Quelle ist der IAT Report von KALINA und WEINKOPF

Tabelle 1: Relation Mindestlohn zum Durchschnittslohn (Vollzeit)

Wirtschaftszweige: *Industrie und Dienstleistungen* In Prozent					
	2006	2005	2004	2003	2002
Belgien					46,39
Bulgarien		49,64	42,56	41,43	39,73
Tschechische Republik		39,10	38,38	38,07	36,91
Estland		33,15	34,58	32,39	30,46
Irland	51,00	52,00	50,00	47,73	50,00
Spanien		40,44	37,65	35,56	36,19
Lettland		33,57	39,07	37,30	35,20
Litauen		38,25	38,46	36,18	36,87
Luxemburg	50,40	50,73	49,57	50,36	50,36
Ungarn		38,15	40,70	38,55	42,10
Malta	50,59	50,59	48,95	51,59	53,90
Niederlande		45,50	46,14	47,68	49,27
Polen		33,66	35,06	33,91	32,96
Portugal		40,52	40,00	40,68	43,00
Rumänien		32,60	34,40	37,30	31,30
Slowenien		45,55	44,13	46,31	45,30
Slowakei	34,83	34,44	34,14	33,97	32,40
Vereinigtes Königreich	36,94	36,95	37,89	34,43	34,42
Vereinigte Staaten	30,73	31,97	32,87	33,55	34,45

Quelle: Statistisches Bundesamt 2007, eigene Darstellung

Der Anteil der Vollzeitarbeitnehmer an den Mindestlohnempfängern variiert zwischen den Ländern stark, wie in nachfolgender Tabelle veranschaulicht ist. Bis auf Malta und Ungarn ist der Anteil der Frauen, die Mindestlöhne beziehen höher als der der Männer.

Tabelle 2: Anteil der Vollzeitarbeitnehmer mit Mindestlöhnen

Unter 3%	3% - 8%	8% - 12%	Über 12%
Spanien Malta Slowakei England Tschechien Niederlande Slowenien Polen	Portugal Estland Ungarn Irland	Rumänien Litauen Luxemburg Lettland	Belgien Frankreich *(beide jeweils über 16%)*

Quelle: Regnard ,Abbildung 3, 2007: 5, eigene Darstellung

Trotz der aktuellen Diskussion um den gesetzlichen Mindestlohn ist dieser kein neues Thema. Das wird deutlich, nimmt man die jeweiligen Einführungsjahre in den Blick. Generell lassen sich fünf Gruppen unterscheiden:

Tabelle 3: Jahr der Einführung

30er Jahre	1969 - 1975	1980 – 1988	1990/1991	1995 - 2001
Türkei USA	Frankreich Belgien Luxemburg Malta Niederlande Portugal	Spanien Ungarn	Tschechien Estland Griechenland Lettland Litauen Polen Rumänien Bulgarien Slowakei	Irland Slowenien England

Quelle: Regnard , 2007: 6, eigene Darstellung

Neben den 20 EU-Ländern mit gesetzlichen Lohnuntergrenzen bestehen in fünf weiteren (Finnland, Schweden, Österreich, Italien und Dänemark) übergreifende tarifliche Lohnuntergrenzen, die durch eine umfassenden Tarifbindung möglich wurden (REGNARD 2007:1). Damit haben 25 von 27 EU Länder allgemein gültige Mindestlohnsicherungen gesetzlicher oder tariflicher Art. Übrig bleiben Deutschland und Zypern. Angesichts dieser Tatsache ist es doch recht verwunderlich, dass Deutschland bislang zu keiner Einigung kommen konnte. Streitpunkt sind immer wieder die scheinbar zu erwartenden negativen Beschäftigungseffekte von Mindestlöhnen.

8 Wirkungen von Mindestlöhnen auf Arbeitmarkt und Beschäftigung

Werden durch Mindestlöhne Arbeitsplätze vernichtet? Oder können gar positive Beschäftigungseffekte erwartet werden? Das sind die entscheidenden Fragen in der Auseinandersetzung zwischen Gegnern und Befürwortern eines gesetzlichen Mindestlohns. Doch nicht nur Politiker, Gewerkschaften und politische Parteien streiten sich. Auch die Wissenschaft ist sich uneins über Auswirkungen von Mindestlöhnen. Die grundsätzliche Position, dass Mindestlöhne zu höherer Arbeitslosigkeit führen, stammt von GEORGE STIGLER, aus dem Jahr 1946 (BARTSCH, 2007: 9). STIGLER, amerikanischer Ökonom, war generell gegen staatliche Markteingriffe. Als Vertreter des neoklassischen Arbeitsmarktmodells vertrat er die These, ein Mindestlohn über dem Marktgleichgewichtslohn führe zwangsläufig zu Arbeitslosigkeit. Demgegenüber existieren andere wirtschaftstheoretische Annahmen, die von einer Marktmacht der Arbeitgeber durch Monopolstellung ausgehen, die weniger einem Wettbewerb ausgeliefert sind. Fraglich ist dabei, ob sich etwaige Beschäftigungswirkungen

21

überhaupt theoretisch ableiten lassen oder nicht viel mehr empirisch untersucht werden müssen, bevor man zu Schlussfolgerungen kommen kann (BOSCH, WEINKOPF, 2006: 31). Ob und wie sich Mindestlöhne auswirken, wurde inzwischen in zahlreichen Studien untersucht.

8.1 Studien zum Mindestlohn

„86 Studien zum Mindestlohn – und kein eindeutiges Ergebnis" lautet der Titel eines Artikels, der am 13. November 2006 im Handelsblatt erschien. Demnach bestehe heute *„über die Gesamtwirkung von Mindestlöhnen auf die Beschäftigung (...) eindeutig kein Konsens mehr"* (STORBECK 2006 ZIT. N. NEUMARK/WASCHER 2006). Die Studien zeigten entweder eindeutig negative, neutrale oder positive Effekte. Mit der Erkenntnis, dass sich negative Beschäftigungswirkungen nicht immer nachweisen ließen und dass von Mindestlöhnen mitunter sogar positive Effekte auf den Arbeitsmarkt ausgehen können, brachten, so STORBECK, in den neunziger Jahren junge US Volkswirte die vorher allgemeingültige Annahme von negativen Beschäftigungseffekten ins Wanken. Seither gibt es immer wieder Studien, die neutrale oder positive Beschäftigungseffekte[6] bestätigen, aber auch solche die negative Beschäftigungseffekte[7] finden (KÖNIG, MÖLLER 2007:2). In der jüngsten Studie vom Oktober 2007 untersuchten MARION KÖNIG und JOACHIM MÖLLER die Lohn- und Beschäftigungseffekte der Mindestlohnregelungen, die durch das Entsendegesetz im deutschen Baugewerbe in Kraft traten. Für den Osten und den Westen Deutschland wurden positive Lohneffekte festgestellt. Jedoch war die Auswirkungen auf die Beschäftigung nur in den alten Bundesländern positiv, während in den neuen Bundesländern das Lohnwachstum *„...teilweise durch Jobverluste unter den vom Mindestlohn betroffenen Arbeitern erkauft"* wurde (KÖNIG, MÖLLER 2007: 22). Bleibt festzuhalten, dass weder Ökonomietheorien noch die empirische Forschung bislang die Frage nach den schlussendlichen Wirkungen von gesetzlichen Mindestlöhnen auf den Arbeitsmarkt eindeutig klären konnten.

8.2 Beobachtbare Wirkungen im europäischen Ausland

Wenn Mindestlöhne zum Abbau von Arbeitsplätzen führen würden, dann müsste sich das in sinkenden Beschäftigungs- bzw. steigenden Arbeitslosenquoten in Ländern mit

---

[6] Card und Krüger 1994, 1995, 2000, Steward 2004

[7] Neumark und Wascher 2000, Machin und Wilson 2004

einem Mindestlohn ausdrücken. Tabelle 4 zeigt die Beschäftigungsquoten aller EU Staaten mit gesetzlichem Mindestlohn der letzten zehn Jahre. In vier Ländern (Polen, Slowakei, Tschechien, Rumänien) ist die Beschäftigungsquote sinkend, in den restlichen 16 EU Staaten ist die Beschäftigung gewachsen. Besonderes Augenmerk liegt hierbei auf den Ländern Irland (2000), Slowenien (1995) und dem Vereinigten Königreich (1999), da der Zeitpunkt der Einführung des gesetzlichen Mindestlohns im untersuchten Zeitrahmen liegt[8]. In allen drei Ländern hat die Einführung von Mindestlöhnen offenbar nicht zu einem Beschäftigungsrückgang geführt.

Tabelle 4: Beschäftigtenquote in Europa

Beschäftigtenquote in % (15 bis 64 Jahre)											
	1996	1997	1998	1999	2000	2001	2002	2003	2004	2005	2006
EU gesamt	60.3	60.7	61.4	62.5	63.4	64.0	64.2	64.3	64.7	63.9	64.7
Belgien	56.2	56.8	57.4	59.3	60.5	59.9	59.9	59.6	60.3	61.1	61.0
Bulgarien					50.4	49.7	50.6	52.5	54.2	55.8	58.6
Tschechien			67.3	65.6	65.0	65.0	65.4	64.7	64.2	64.8	65.3
Estland			64.6	61.5	60.4	61.0	62.0	62.9	63.0	64.4	68.1
Irland	55.4	57.6	60.6	63.3	65.2	65.8	65.5	65.5	66.3	67.6	68.6
Griechenland	55.0	55.1	56.0	55.9	56.5	56.3	57.5	58.7	59.4	60.1	61.0
Spanien	47.9	49.5	51.3	53.8	56.3	57.8	58.5	59.8	61.1	63.3	64.8
Frankreich	59.5	59.6	60.2	60.9	62.1	62.8	63.0	63.3	63.1	63.1	63.0
Lettland			59.9	58.8	57.5	58.6	60.4	61.8	62.3	63.3	66.3
Litauen			62.3	61.7	59.1	57.5	59.9	61.1	61.2	62.6	63.6
Luxemburg	59.2	59.9	60.5	61.7	62.7	63.1	63.4	62.2	62.5	63.6	63.6
Ungarn	52.1	52.4	53.7	55.6	56.3	56.2	56.2	57.0	56.8	56.9	57.3
Malta					54.2	54.3	54.4	54.2	54.0	53.9	54.8
Niederlande	66.3	68.5	70.2	71.7	72.9	74.1	74.4	73.6	73.1	73.2	74.3
Polen		58.9	59.0	57.6	55.0	53.4	51.5	51.2	51.7	52.8	54.5
Portugal	64.1	65.7	66.8	67.4	68.4	69.0	68.8	68.1	67.8	67.5	67.9
Rumänien		65.4	64.2	63.2	63.0	62.4	57.6	57.6	57.7	57.6	58.8
Slowenien	61.6	62.6	62.9	62.2	62.8	63.8	63.4	62.6	65.3	66.0	66.6
Slowakei			60.6	58.1	56.8	56.8	56.8	57.7	57.0	57.7	59.4
UK	69.0	69.9	70.5	71.0	71.2	71.4	71.3	71.5	71.6	71.7	71.5

Quelle: Eurostat (Onlinedatenbank) 2007, eigene Darstellung

Bei den Arbeitslosenquoten zeigt sich ein ähnliches Bild. Während sich in Tschechien, Luxemburg, Malta, Portugal und in der Slowakei die Arbeitslosenquote erhöht hat, ist sie in allen anderen Ländern teils drastisch gesunken. In Slowenien und in England

---

[8] grau gekennzeichnet

besteht auch nach Einführung der Mindestlöhne eine sinkende Arbeitslosenquote, während sie in Irland leicht angestiegen ist.

Tabelle 5: Arbeitslosenquote in Europa

Harmonisierte Arbeitslosenquote in %, -/+ 25 Jahre, Jahresdurchschnitte										
	1996	1997	1998	1999	2000	2001	2002	2003	2004	2005	2006
EU gesamt					8,6	8,5	8,9	8,9	9	8,9	8,1
Belgien	9,5	9,2	9,3	8,5	6,9	6,6	7,5	8,2	8,4	8,4	8,2
Bulgarien					16,4	19,5	18,1	13,7	12	10,1	9
Tschechien			6,4	8,6	8,7	8	7,3	7,8	8,3	7,9	7,1
Estland		9,6	9,2	11,3	12,8	12,4	10,3	10	9,7	7,9	5,9
Irland	11,7	9,9	7,5	5,7	4,2	4	4,5	4,7	4,5	4,3	4,4
Griechenland	9,6	9,8	10,8	12	11,2	10,7	10,3	9,7	10,5	9,8	8,9
Spanien	17,8	16,7	15	12,5	11,1	10,3	11,1	11,1	10,6	9,2	8,5
Frankreich	11,5	11,5	11	10,4	9	8,3	8,6	9	9,2	9,2	9,2
Lettland			14,3	14	13,7	12,9	12,2	10,5	10,4	8,9	6,8
Litauen			13,2	13,7	16,4	16,5	13,5	12,4	11,4	8,3	5,6
Luxemburg	2,9	2,7	2,7	2,4	2,3	2	2,7	3,7	5,1	4,5	4,7
Ungarn	9,6	9	8,4	6,9	6,4	5,7	5,8	5,9	6,1	7,2	7,5
Malta					6,7	7,6	7,5	7,6	7,4	7,3	7,3
Niederlande	6	4,9	3,8	3,2	2,8	2,2	2,8	3,7	4,6	4,7	3,9
Polen			10,9	10,2	13,4	16,1	18,2	19,9	19,6	19	17,7	13,8
Portugal	7,3	6,8	5,1	4,5	4	4	5	6,3	6,7	7,6	7,7
Rumänien		5,3	5,4	6,6	7,2	6,6	8,4	7	8,1	7,2	7,3
Slowenien	6,9	6,9	7,4	7,3	6,7	6,2	6,3	6,7	6,3	6,5	6
Slowakei			12,6	16,4	18,8	19,3	18,7	17,6	18,2	16,3	13,4
UK	7,9	6,8	6,1	5,9	5,3	5	5,1	4,9	4,7	4,8	5,3

Quelle: Eurostat (Onlinedatenbank) 2007, eigene Darstellung

Trotz Mindestlohn ist also, gerade in den Ländern, die ihn im untersuchten Zeitraum einführten, die Arbeitslosigkeit gesunken und die Beschäftigung angestiegen.

Aufgrund dieser Daten jedoch zu schlussfolgern, Mindestlöhne führen in keinem Fall zu negativen Beschäftigungseffekten oder wirkten sich prinzipiell sogar positiv aus, wäre allerdings vermessen. Dafür mangelt es den Daten an Validität. Hängt doch die Entwicklung von Arbeitslosigkeit und Beschäftigung von weiteren Einflussfaktoren (Konjunktur, Binnennachfrage, Standortabwägungen) ab und nicht nur von der Frage nach dem Mindestlohn. Aber es kann von Tendenzen ausgegangen werden. Die

Befürchtungen von massivem Arbeitsplatzabbau durch Mindestlöhne haben sich offenbar nicht bewahrheitet.

8.2.1 Das Beispiel Großbritannien

1999 hat England einen gesetzlichen Mindestlohn, den „National Minimum Wage", eingeführt - mit beachtlichem Erfolg. Etwa 1,2 Millionen Erwerbstätige wurden von der Einführung der Mindestlohnregelung betroffen. Nachdem, um den Start zu erleichtern, der erste Mindestlohn niedrig angesetzt wurde, liegt er in der zwischenzeitlich, nach mehreren Erhöhungen, bei 7.94 Euro pro Stunde. Kein Beschäftigter darf ein geringeres Einkommen als diesen Mindestlohn bekommen. Ausgenommen sind die so genannten Entwicklungslöhne für Auszubildende unter 26 Jahren. Auch ältere Arbeitnehmer können Entwicklungslöhne erhalten, wenn sie eine neue Stelle aufnehmen. Bedingung ist dann aber, dass der neue Arbeitgeber in den ersten sechs Monaten für entsprechende Qualifizierung sorgt.

Insgesamt hat der britische Mindestlohn die Einkommenssituation von etwa 2 Millionen Beschäftigten verbessert. Die öffentlichen Finanzen profitieren von der Regelung, weil staatliche Subventionen für Niedriglöhne wegfallen. Der Mindestlohn hat die Beschäftigung in Großbritannien nicht negativ beeinflusst. Die Arbeitslosenquote ist gesunken und die Beschäftigungsqoute gestiegen. Auch in den typischen Niedriglohnbranchen hat die Beschäftigung zugenommen wie Abbildung 6 zeigt, zwar nicht aufgrund des Mindestlohns, sondern eher trotz des Mindestlohns. Lediglich in der Landwirtschaft und der Textilindustrie kam es zu einem Rückgang, der aber nicht durch den Mindestlohn verursacht wurde, sondern *„die Fortsetzung eines seit Jahren anhaltenden Trends.."* (BÖCKLER STIFTUNG 2007b: 7). Generell wird davon ausgegangen, dass keine Beschäftigungswirkungen durch den Mindestlohn erkennbar sind (EBENDA).

Abbildung 8 Beschäftigungsentwicklung im britischen Niedriglohnsektor nach
Einführung des Mindestlohns

Quelle: Böckler Stiftung 2007: 7

Ein aus Vertretern von Gewerkschaft, Arbeitgebern und Wissenschaft paritätisch
besetztes unabhängiges Gremium, die „Low-Pay Commission (LPC)", entwickelt
Vorschläge für die Regierung, allerdings nach ausführlichen Recherchen und
wissenschaftlichen Studien. Bis 2005 hatte die Kommission 74 Berichte in Auftrag
gegeben, die die konkreten Auswirkungen der Lohnuntergrenzen untersuchten. So ist
der britische Mindestlohn das *„am besten untersuchte Realexperiment überhaupt"*
(EBENDA). Durch die Einrichtung der LPC konnten Arbeitgeber und Gewerkschaften
gewonnen und somit die Debatte entideologisiert werden.

Teilweise konnten die Arbeitgeber die gestiegenen Kosten durch erhöhte Produktivität
(durch verbesserte Arbeitsorganisation und Qualifizierung) kompensieren. Kleinere
Unternehmen wurden diesbezüglich gezielt beraten. Arbeitnehmer, die ihren Anspruch
auf Bezahlung des Mindestlohns juristisch durchsetzen mussten, wurden mit einem
besonderen Kündigungsschutz ausgestattet. Die Entschlossenheit, mit der die britische
Regierung den gesetzlichen Mindestlohn einführte, mündete schnell in eine stabile und
verlässliche Situation für die Unternehmen, da es kein Entrinnen gab und keiner

unterhalb der Mindestlohngrenze entlohnen konnte. Kein Arbeitgeber konnte sich so über Löhne Wettbewerbsvorteile verschaffen. Die Einführung des Mindestlohns wurde durch eine massive Medienkampagne vorbereitet, so dass bei Unternehmern sowie Beschäftigten ein hoher Bekanntheitsgrad erreicht wurde und den Unternehmen ein angemessener Vorbereitungszeitraum zur Verfügung stand.

8.3 Was wäre wenn? – Modellrechnung für einen gesetzlichen Mindestlohn in Deutschland

Das Institut für Arbeit und Technik veröffentlichte 2006 eine, von THORSTEN KALINA und CLAUDIA WEINKOPF erarbeitete, Modellrechnung für einen gesetzlichen Mindestlohn in Deutschland. Ausgehende Fragestellung war, wie viele Beschäftigte bei Mindestlöhnen zwischen 5 und 7,50[9] Euro pro Stunde betroffen werden würden, in welchem Umfang die Löhne steigen würden und in welchem Umfang die Sozialversicherungsbeiträge steigen würden. Berechnungsgrundlage war das Sozioökonomische Panel für das Jahr 2004. Bei einem Mindestlohn in Höhe von 7,50 Euro pro Arbeitsstunde im Jahr 2004 wären 4,9 Millionen Beschäftigte betroffen. Das sind 15% aller Beschäftigten in Deutschland, deren Einkünfte unterhalb dieser Grenze lagen. Von einem Mindestlohn in Höhe von 5 Euro hätten noch 1,5 Millionen Beschäftigte profitiert, das entspricht 5% aller Beschäftigten.

---

[9] Forderung der Gewerkschaften in Deutschland

Abbildung 9: Anteil Beschäftigungsverhältnisse mit Mindestlohn an allen Beschäftigungsverhältnissen

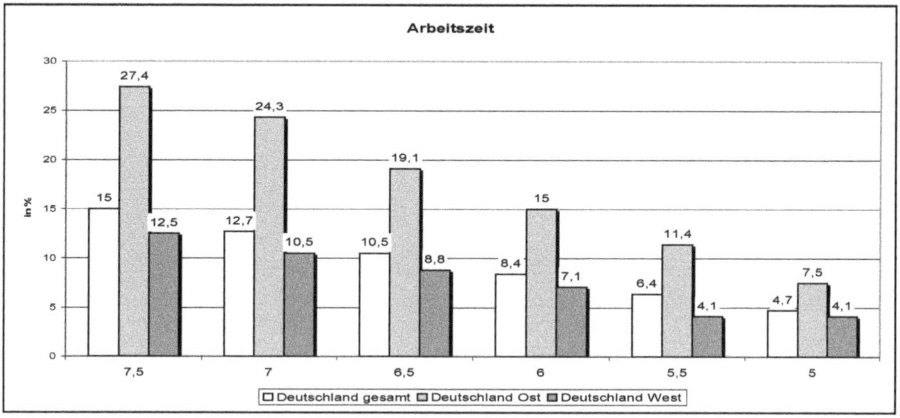

Quelle: Kalina, Weinkopf 2006:3

Auffallend ist eine hohe Diskrepanz zwischen beiden Teilen Deutschlands, so dass bei einer etwaigen Einführung eines Mindestlohns zunächst über getrennte Sätze nachgedacht werden müsste.

Bei einem Mindestlohn von 7,50 Euro pro Arbeitsunde käme es insgesamt zu Lohnsteigerungen in Höhe von 12 Milliarden Euro jährlich (1,3%), aber auch zu staatlichen Mehreinnahmen durch Sozialversicherungsbeiträge in Höhe von 4,2 Milliarden Euro. Durch einen Mindestlohn von 5 Euro würden die Gesamtausgaben für Löhne noch um 2,2 Milliarden (0,2%) steigen, während die Mehreinnahmen für die Sozialversicherungen noch 0,7 Milliarden betrügen.

Ein Mindestlohn von 7,50 Euro beträfe 8,2% aller Beschäftigten in Vollzeit. Damit würde sich Deutschland im europäischen Vergleich im oberen Bereich einordnen[10]. 1,3% aller Vollzeitbeschäftigten wären noch mit einem Mindestlohn von 5 Euro erfasst, mit dem Deutschland vor Spanien (0,8% aller Vollzeitbeschäftigten) das Schlusslicht bilden würde.

Ein Mindestlohn in Deutschland in Höhe von 7,50 Euro würde nach Berechnungen der Autoren 49,4% des Durchschnittslohnes (15,19 Euro) entsprechen. Damit hätte

---

[10] Siehe auch Kapitel 7, Tabelle 2

Deutschland einen vergleichsweise hohen Mindestlohn[11]. Einem Mindestlohn von 5 Euro pro Stunde entsprächen 32,9% des Durchschnittslohnes und im europäischen Vergleich würde dies eine Platzierung am Ende des Spektrums der europäischen Mindestlöhne bedeuten. Die Autoren sprechen sich dafür aus, sich bei der Einführung eines Mindestlohnes in Deutschland am britischen Modell zu orientieren, d.h.

- einen eher niedrigen Mindestlohn zum Einstieg zu wählen, um Schocks zu vermeiden und diesen dann sukzessive zu erhöhen.

- eine hohe Transparenz bei Angestellten wie Arbeitgebern zu schaffen, so dass Höhe und Einführungszeitpunkt sowie etwaige Erhöhungen den Betroffenen bekannt sind und angemessene Vorbereitungszeiträume zur Verfügung stehen.

- Abgesenkte Sätze für Auszubildende einzuführen, um deren Qualifizierung nicht zu beeinträchtigen. Ansonsten bestünde die Möglichkeit, dass Unternehmen die durch den Mindestlohn gestiegenen Lohnkosten bei Qualifizierungleistungen wieder einzusparen versuchten.

- Einsetzten von wirksame Kontrollmechanismen, um unfairen Wettbewerb von Unternehmen auszuschließen.

- Eine sorgfältige und neutrale Evaluation zu gewährleisten, d.h. die Einrichtung einer unabhängigen Kommission nach dem Vorbild der britischen LPC.

- Differenzierte Mindestlohnsätze in Ost- und Westdeutschland festzulegen, aufgrund der deutlich höheren Niedriglohnanteile im Osten Deutschlands. Unterbliebe dies, so würden die Lohnkostensteigerungen im Osten „überproportional hoch ausfallen" (KALINA, WEINKOPF 2006: 9). Um dies zu vermeiden müsste der gesamtdeutsche Mindestlohn sehr niedrig sein, was wiederum nicht zielführend wäre, da ein solcher Mindestlohn lediglich nicht Existenzsichernde Niedriglöhne manifestieren würde.

---

[11] Siehe auch Kapitel 7, Tabelle 1

9 Persönliches Schlusswort

Bei Beginn dieser Arbeit konnte ich mich aufgrund mangelnder Sachkenntnis kaum entscheiden, ob ich für oder gegen die Einführung eines Mindestlohnes in Deutschland sein sollte. Das hat sich durch vorliegende Arbeit geändert. Deutschland zeigt bei der Einkommensentwicklung ein ambivalentes Bild. Einerseits haben wir ein wachsendes Armutsrisiko, eine wachsende Niedriglohnbeschäftigung und eine wachsende Zahl derer, die von ihrer (Vollzeit) Arbeit nicht mehr leben können. Auf der anderen Seite stehen Wirtschaftswachstum, Konjunktur und Spitzenverdienste. Während seit 1992 die Einkommen der ärmsten 10% der Bevölkerung in Deutschland um 13% gefallen sind, sind sie bei den reichsten 10% um 31% gestiegen (DER SPIEGEL 2007: 22). Das ist Ausdruck einer zunehmend auseinanderklaffenden Einkommensschere. Von manchen Spitzengehältern einer Person könnten dutzende Arbeitsplätze finanziert werden. Es besteht eine Ungleichheit in der Verteilung des gesellschaftlichen Wohlstandes.

Hinzu kommt, dass der Aufwand für die öffentlichen Kassen durch Subventionierung von Niedriglöhnen stetig zunimmt. Das Fehlen einer allgemeinen Lohnuntergrenze ist geradewegs ein Anreiz, sich über das Senken von Löhnen einen Wettbewerbsvorteil zu verschaffen. Dem könnte der Einsatz Mindestlöhnen einen Riegel vorschieben. Ein Mindestlohn würde die Einkommenssituation von Niedriglohnempfängern verbessern und ihre Existenz sichern, ohne dass sie staatliche Leistungen beziehen müssten. Überdies wäre dies auch im Sinne des Staates, um den Subventionsaufwand zu niederen Löhnen zu begrenzen. Nicht zuletzt würden auch Unternehmer vor unfairem Wettbewerb geschützt, in dem derjenige den größten Wettbewerbsvorteil hat, der am rigidesten die Gehälter drückt.

Das Hauptargument der Mindestlohngegner, nämlich die scheinbaren negativen ökonomischen Wirkungen halte ich für entkräftet. Ein Mindestlohn führt nicht per se zum Abbau von Arbeitsplätzen, das zeigen viele Beispiele im benachbarten Ausland. Negative Beschäftigungseffekte können dann eintreten, wenn der Mindestlohn zu hoch angesetzt wird. Dass eine Einführung eines gesetzlichen Mindestlohns zu keinen negativen Beschäftigungswirkungen führt, ist mehr eine Frage der konkreten Ausgestaltung einer Mindestlohnregelung. Hierzu liefern KALINA und WEINKOPF wertvolle Hinweise. Für meine Begriffe ist es ein unwürdiger Zustand, wenn die Existenz eines Arbeitnehmers in Deutschland von einer Vollzeiterwerbstätigkeit nicht gesichert werden

kann. Nach meiner Auseinandersetzung mit dem Thema gesetzlicher Mindestlohn und dem Studium der verfügbaren Fachliteratur, komme ich zu der Überzeugung, dass ein Mindestlohn auch in Deutschland ohne negative ökonomische Folgen eingeführt werden könnte.

Quellenverzeichnis

Bartsch, Klaus *(2006) Gesamtwirtschaftliche Wirkungen der Einführung eines gesetzlichen Mindestlohnes in Deutschland auf der Basis der Konzeption der Dienstleistungsgewerkschaft ver.di, Neuendorf 2007.*
http://www.verdi.de/mindestlohn/wissenschaftliche_studie_zum_mindestlohn_in_europa_und_usa_vorgestellt/data/mindestlohn_studie_mai_07.pdf *(06.08.2007).*

BDA **Bundesvereinigung der deutschen Arbeitgeberverbände** *(Hrsg.) Gesetzliche Mindestlöhne: Irrweg mit fatalen Folgen, Position der BDA, Berlin 2006.*
http://www.bdaonline.de/www/bdaonline.nsf/id/F7E8304B1275D5F6C12571C9002D1B C4/$file/Statem.pdf *(06.08.2007).*

BMGS **Bundesministerium für Gesundheit und soziale Sicherung** *(Hrsg.) Lebenslagen in Deutschland, Der 2. Armuts- und Reichtumsbericht der Bundesregierung, April 2005.*

Böckler Stiftung *(2006a.)*
Niedriglohn. Wissenschaftliche Vorstöße in eine Grauzone. In: Böckler Impuls 2/2006.
http://www.boeckler.de/pdf/impuls_2006_02_4-5.pdf, (06.08.2007).

Böckler Stiftung *(2006b.)*
Gesetzliche Stützen für das Tarifsystem. In: Böckler Impuls 9/2006.
http://www.boeckler-boxen.de/images/impuls_2006_09_2.pdf (06.08.2007).

Böckler Stiftung *(2007a.)*
Europas Mindestlöhne steigen. In: Böckler Impuls 1/2007.
http://www.boeckler.de/pdf/impuls_2007_01_1.pdf (06.08.2007).

Böckler Stiftung *(2007b)*
Keine Jobverluste durch britische Lohnuntergrenze. In: Böckler Impuls 12/2007.
http://www.boeckler.de/pdf/impuls_2007_12_7.pdf *(06.08.2007).*

Bosch, Gerhard; Weinkopf, Claudia, *(2006) Mindestlöhne – eine Strategie gegen Lohn- und Sozialdumping?. In: Wirtschafts- und sozialpolitischen Forschungs- und Beratungszentrum der Friedrich-Ebert-Stiftung.*
http://www.iatge.de/aktuell/veroeff/2006/bosch02.pdf, (06.08.2007).

Bug, Arnold, *(2005) Kombilohn: Zwischenbilanz. In: Der aktuelle Begriff, Wissenschaftliche Dienste des Deutschen Bundestages, Nr. 82/05, 3. November 2005.*
http://www.bundestag.de/bic/analysen/2005/2005_11_03.pdf (06.08.2007).

Bundesagentur für Arbeit *(Hrsg.) Der Arbeits- und Ausbildungsmarkt in Deutschland, Monatsbericht, Dezember und das Jahr 2007, Nürnberg 2008.*
http://www.pub.arbeitsamt.de/hst/services/statistik/000000/html/start/monat/aktuell.pdf *(06.08.2007).*

Der Spiegel *(2007) Der große Graben, In: Der Spiegel, 17. Dezember 2007, S. 22.*

Deutscher Bundestag *(Hrsg.)) Deutschland braucht Mindestlöhne, Drucksache 16/4845, Berlin, 2007.*
http://dip.bundestag.de/btd/16/048/1604845.pdf (06.08.2007).

Gaul, Claus-Martin; Hayek, Lore, *(2005) Gesetzliche Mindestlöhne. In: Der aktuelle Begriff, Wissenschaftliche Dienste des Deutschen Bundestages, Nr. 64/05, 12. September 2005.*
http://www.bundestag.de/bic/analysen/2005/2005_09_12.pdf (06.08.2007).

Jährling, Karen; Weinkopf, Claudia *(2006) Kombilöhne in Deutschland – neue Wege, alte Pfade, Irrweg? Friedrich Ebert Stiftung, Bonn 2006.*

Kalina, Thorsten; Weinkopf, Claudia *(2006) Ein gesetzlicher Mindestlohn auch in Deutschland, In: IAT Report Nr. 6/2006 Bonn 2006.*

König, Marion; Möller, Joachim *Mindestlohneffekte des Entsendegesetzes? – Eine Mikrodatenanalyse für die deutsche Bauwirtschaft, Oktober 2007*

Regnard, Pierre *(2007) Mindestlöhne 2007*
Beträge zwischen 92 EUR und 1570 EUR brutto pro Monat,
In: Statistik kurz gefasst, Bevölkerung und soziale Bedingungen, Nr. 71/2007

Rhein, Thomas; Gartner, Herrmann; Krug, Gerhard *(2005) Aufstiegschancen für Geringverdiener verschlechtert In: IAB Kurzbericht, Nr. 3/ 10.03.2005.*
http://doku.iab.de/kurzber/2005/kb0305.pdf (06.08.2007).

Schäfer, Claus *(2003) Effektiv gezahlte Niedriglöhne in Deutschland.*
In: WSI Mitteilungen, Nr. 7/2003.
http://www.boeckler.de/pdf/wsimit_2003_07_schaefer.pdf (06.08.2007).

Statistisches Bundesamt *(Hrsg.) Armut und Lebensbedingungen – Ergebnisse aus LEBEN IN EUROPA für Deutschland 2005, Wiesbaden 2006.*
http://www.forschungsdatenzentrum.de/bestand/eu-silc/fdz_eu-silc-bericht.pdf
(06.08.2007).

Statistisches Bundesamt *(Hrsg.) Monatliche gesetzliche Mindestlöhne als Anteil der durchschnittlichen Monatslöhne, eds-destatis Onlindatenbank, Wiesbaden 2007*
http://www.eds-destatis.de/de/tdm/archiv/2007_09.php. (03.11.2007).
http://www.forschungsdatenzentrum.de/bestand/eu-silc/fdz_eu-silc-bericht.pdf
(06.08.2007).

Eurostat Onlinedatenbank *(Hrsg.) Monatliche gesetzliche Mindestlöhne als Anteil der durchschnittlichen Monatslöhne, eds-destatis Onlindatenbank, Wiesbaden 2007*
http://epp.eurostat.ec.europa.eu/portal/page?_pageid=1996,45323734&_dad=portal&_s chema=PORTAL&screen=welcomeref&open=/popul/labour/employ/lfsi/lfsi_emp&langua ge=de&product=EU_population_social_conditions&root=EU_population_social_conditio ns&scrollto=0

Storbeck, Olaf *(2006) 86 Studien zum Mindestlohn – und kein eindeutiges Ergebnis.*
In: Handelsblatt, 13. November 2006
http://www.handelsblatt.com/News/Politik/Wissenswert/_pv/_p/301104/_t/ft/_b/1163341/ default.aspx/86-studien-zum-mindestlohn%96-und-kein-eindeutiges-ergebnis.html (06.08.2007).

Lightning Source UK Ltd.
Milton Keynes UK
UKHW010837030619
343780UK00002B/738/P